AF357977

CHARLES BALLOT

(1818-1885)

NOTICE BIOGRAPHIQUE

PAR

ERNEST CARTIER

Avocat à la Cour d'appel

PARIS

CHEVALIER-MARESCQ ET Cⁱᵉ, ÉDITEURS

20, RUE SOUFFLOT, 20

1887

CHARLES BALLOT

Les avocats de ma génération se rappellent un confrère au visage sérieux, empreint d'une légère mélancolie, mais dont la gravité native se tempérait volontiers d'une souriante affabilité : c'était Charles Ballot.

Nul parmi nous n'a eu une plus haute idée de sa profession ; nul n'en a savouré plus pleinement la fière indépendance. Il lui a donné les plus belles, les plus heureuses années de sa vie, et quand, plus tard, sur les instances de sa famille qu'alarmait une santé précaire, il a dû déposer sa robe, que d'hésitations, que de luttes, que de regrets ! « Non, disait-il à ses « familiers, je ne veux pas être comme ce monsieur « qui passe, ancien préfet, ancien député, ancien « sénateur, ancien ministre. Au Barreau on reste ce « qu'on est, et le rang qu'on a conquis, on le garde. »

Nous avons donc le droit de dire qu'il n'a pas cessé de nous appartenir, et que, même au sein des fonctions publiques, il est toujours resté avocat. Il était de ceux qui, suivant l'expression de M. Dupin aîné, conservent leur robe de dessous.

Charles Ballot, né à Orléans en 1818, avait fait, sous les auspices des professeurs les plus éminents de la Faculté de Paris, de fortes études juridiques. Plus d'une fois, dans les nombreux articles publiés par lui, il a rendu hommage à la science profonde non moins qu'aux paternels encouragements du plus célèbre d'entre ses maîtres, M. Valette. Doué d'une maturité précoce, il s'était passionné pour l'étude du droit, qui devait faire l'occupation et le culte de toute sa vie. Aussi, le succès répondait-il à ses efforts. Lauréat de la Faculté au concours de doctorat, il devenait en même temps secrétaire de la conférence des avocats du Barreau de Paris.

Cette double distinction marque nettement ce que j'appellerai la dualité de l'existence de Ballot. Il a été donné à peu d'entre nous de cultiver à la fois et d'une manière presque égale la science juridique et la pratique des affaires. Le plus souvent il faut opter soit par l'entraînement de la vocation, soit par les nécessités de la carrière. Les uns, épris de la science pure, se tournent vers l'enseignement ou les spéculations théoriques ; les autres, plus militants ou plus ambitieux, se lancent dans la mêlée et abordent résolument la rude profession du Barreau. Ballot a eu cette rare fortune de rester fidèle aux études de sa jeunesse, tout en devenant un avocat occupé et un consultant autorisé. C'est ainsi qu'en 1841, son stage terminé, il se fait inscrire au tableau, et qu'à une époque presque contemporaine, il fonde avec d'éminents jurisconsultes, MM. Mourlon, Demangeat et Emile Ollivier, la *Revue pratique de droit français*.

Alors, comme aujourd'hui, les débuts d'un jeune avocat étaient difficiles, ses premiers pas dans la carrière hérissés d'obstacles, sa clientèle lente à se former. Ballot était mieux placé qu'un autre pour combler les vides du dossier intermittent ou pour combattre les défaillances du stagiaire inoccupé. Il avait à son service une plume élégante, facile, et un champ d'étude illimité à explorer.

Il entra au *Siècle* en 1849, sous la direction de M. Perrée. Depuis cette époque jusqu'en 1870, c'est-à-dire pendant plus de vingt ans, il n'est pas un projet de loi important, une réforme proposée, un progrès à réaliser ou un abus à combattre, sur lesquels il n'ait donné son avis. *Liberté individuelle, liberté de la presse et liberté de conscience, Coalition des patrons et des ouvriers, Réforme hypothécaire, Crédit foncier, Loi sur les sociétés, Régime cellulaire et détention préventive, Rapports des maîtres et des domestiques, Abolition de la peine de mort, Propriété littéraire et artistique*, il a tout étudié, tout médité, tout approfondi. Et avec quelle hauteur de vues, quelle indépendance et quelle fermeté !

Ballot était sincèrement républicain. Au milieu des défaillances morales et des conversions intéressées qu'amènent dans notre pays les vicissitudes de la politique, il n'a jamais changé d'opinion. Profondément attaché aux principes de la démocratie, il a toujours conservé dans la supériorité de cette forme de gouvernement une foi absolue.

Mais son bon sens naturel, secondé de la connaissance de la législation et de l'histoire, l'a toujours éloigné des utopies, de même que sa droiture lui interdisait les lâches complaisances. Préoccupé d'améliorer le sort des masses et d'étendre aussi loin que possible les droits individuels, il ne sacrifie pas pour cela le droit de l'État, sachant bien qu'en le désarmant on aboutit à l'anarchie. C'est ainsi qu'examinant le projet de loi sur la coalition des maîtres et des ouvriers présenté à l'Assemblée législative de 1849, il fait les déclarations suivantes : « Pour notre compte, « nous voulons essayer de concilier d'une façon plus « utile les deux intérêts qui sont en litige : sauve - « garder l'intérêt de la société en maintenant une « disposition pénale contre les coalitions dangereuses, « mais en même temps exiger, dans le fait qu'il s'a- « git d'atteindre, des caractères tels qu'ils constituent « réellement un délit, c'est-à-dire un fait domma- « geable, émané d'une intention mauvaise ». Et il indique ainsi à l'avance le progrès que réalisera plus tard la loi de 1864.

Un peu plus loin, ayant à parler de la liberté individuelle, en quels termes élevés ne la définit-il pas ? « Chez tant de peuples qui nous devancent au point « de vue que nous examinons, en Angleterre et aux « États-Unis surtout, que nous révèle la loi, quelle « idée mère nous frappe ? C'est que la liberté indivi- « duelle n'y est pas considérée seulement comme un

— 5 —

« droit privé, touchant à l'intérèt de chaque citoyen
« en particulier, mais y est traitée de droit public,
« c'est-à-dire de droit commun, indivis entre tous,
« intéressant toujours dans sa défense ou dans ses lé-
« sions le corps social tout entier. » Et il prévoit de
loin, il trace d'une main ferme la réforme que doit
accomplir la loi de 1865.

Ce sont toujours les mêmes principes qu'il affirme
dans un article sur le régime cellulaire appliqué à la
détention préventive : « Préserver la société et pré-
« server l'individu, mettre la première en garde
« contre celui qui est gravement soupçonné de l'avoir
« lésée ; mais en même temps sauver le second qui
« n'est que soupçonné et non convaincu, d'un châti-
« ment qui n'est pas nécessaire ou de la corruption
« des prisons, voilà en deux mots le double intérêt,
« intérêt général et intérêt privé, sous l'inspiration
« duquel il faut agir ; voilà le double but qu'il faut
« se proposer d'atteindre. »

Cette fermeté de raison, cette droiture de jugement
dans l'analyse et la solution des plus difficiles pro-
blèmes sociaux ne tenaient pas seulement aux qualités personnelles de l'écrivain, elles découlaient de
l'idéal élevé qu'il s'était formé du rôle des sociétés
humaines et du but qu'elles doivent poursuivre. On
en trouve la trace et comme la formule dans ces lignes
extraites du compte rendu d'un livre intitulé : *Histoire
de la Souveraineté :* « Les opinions de l'auteur, dit
« Ballot, le rattachent au gouvernement constitution-
« nel et représentatif, on peut l'apercevoir dans son

« livre; mais pour nous, à son insu peut-être, le pen-
« seur et le croyant vont plus loin, et l'œuvre doit
« enseigner l'amour de la Démocratie. Comme toute
« intelligence élevée, en face des ruines du passé, en
« face de la loi fatale qui semble les avoir produites,
« l'auteur a parfois rencontré le doute; son âme a
« chancelé dans le trouble et dans l'amertume, elle a
« entrevu l'abîme au fond duquel progrès et vertu
« ne sont plus que de vains mots, et elle s'est sauvée
« de ce scepticisme dans le milieu le moins assailli
« d'orages. On trouve çà et là dans ses pages de ces
« tristesses de la pensée, de ces serrements de cœur
« qui vous prennent lorsqu'on cesse par instants de
« voir ou de sentir la loi divine des destinées hu-
« maines. Mais la raison ni la vérité ne peuvent ab-
« diquer longtemps ; elles s'échappent triomphantes
« de ces luttes, et alors, devant les grandes actions
« et devant les grandes âmes, on sent renaître la foi
« et l'espérance ! »

Cette note spiritualiste et presque religieuse, on la
retrouve dans plus d'un endroit des écrits de Ballot,
et notamment dans les adieux émus qu'il adresse à
ceux de nos maîtres dont il déplore la perte. A propos
de la mort de Bethmont, il s'écrie : « Ah ! pleurons,
« pleurons à jamais le jour où de pareils hommes
« sont enlevés à la terre ; pleurons au nom de la jus-
« tice, nous, dont il était la gloire et l'orgueil ; pleu-
« rons au nom de la liberté, dont il était l'honnête et
« vaillant défenseur ; pleurons avec sa chère famille
« dont il était l'idole ; mais pleurons sur nous et non

« pas sur Bethmont ! son âme est partie pour le su-
« blime voyage. Grande jusqu'au dernier soupir,
« elle s'est élevée pour d'autres triomphes dans le di-
« vin séjour. »

Indépendamment des grandes questions ou des grandes personnalités qui sollicitaient sa plume, Ballot accomplissait dans le journal *le Siècle* une tâche plus modeste, mais non moins utile. Il avait eu le premier l'idée, imitée depuis, de créer dans un grand journal quotidien un compte rendu mensuel de la jurisprudence. Il y portait avec son discernement habituel ses lumières étendues. Il ne se contentait pas d'une sèche nomenclature des décisions judiciaires ; les arrêts et les jugements, choisis avec soin soit au point de vue de l'intérêt juridique, soit au point de vue de l'actualité, étaient expliqués, commentés et parfois critiqués avec une science et une autorité incontestables.

Ces travaux, qui auraient suffi à l'activité de tout autre, ne représentaient qu'une part du labeur de Ballot. Dès longtemps le Barreau l'absorbait tout entier. Son nom avait grandi, sa clientèle s'était accrue, ses articles, goûtés d'un public nombreux, l'avaient recommandé à l'attention. Il était devenu le conseil de plusieurs administrations, de la Banque de France notamment et de quelques Compagnies d'assurances. Il avait plaidé, non sans éclat, plusieurs procès importants contre les plus grands avocats de l'époque ; en un mot, il avait conquis au Palais un rang distingué.

Son talent était avant tout sérieux : un exposé

simple et précis, une discussion serrée, une logique rigoureuse en formaient les principaux traits. Quant au style, il se recommandait par la clarté et la correction parfois revêtue d'élégance. On pouvait peut-être reprocher à sa parole une certaine froideur ; il était trop préoccupé de convaincre pour rechercher les faux brillants et les ornements superflus, et trop scrupuleux pour s'échauffer à froid et affecter une ardeur qu'il n'aurait point ressentie. Sa plaidoirie était austère comme sa personne, et, pour la caractériser d'un mot, elle était faite de science et de conscience.

Au sein du Palais où l'affection de ses confrères et l'estime des magistrats lui faisaient la vie douce et honorée, Ballot poursuivait paisiblement sa carrière, lorsque les événements du Quatre-Septembre vinrent pour un moment en suspendre le cours.

Le Gouvernement de la Défense nationale voulut l'attacher à la magistrature en le nommant au poste de premier avocat général à la Cour de Paris. Ballot accepta cette fonction pour la durée du Siège comme une garde d'honneur, et, profondément touché de la misère qui régnait dans la capitale, il abandonna son traitement à l'œuvre des Fourneaux.

Puis, ayant résigné sa magistrature obsidionale, il reprit sa place dans les rangs du Barreau. Une distinction bien précieuse à ses yeux l'y attendait. Il fut élu, en 1872, membre du Conseil de l'Ordre.

En même temps, il devenait rédacteur en chef du *Droit*. Il était tout naturellement appelé à cette fonction par ses travaux antérieurs et par une collaboration déjà longue à ce journal. Son successeur à la rédaction du *Droit* a déjà dit comment Ballot avait su s'acquitter de cette tâche délicate (1).

La direction d'un grand journal judiciaire exige des qualités dont l'assemblage ne laisse pas d'être assez rare : un savoir juridique étendu pour choisir avec soin et éclairer les décisions de la jurisprudence, le goût du droit pour grouper autour de soi les jurisconsultes de tout ordre, savants ou praticiens, et inspirer leurs efforts, enfin une plume alerte et sincère pour écrire jour par jour l'histoire de ce grand Barreau de Paris, s'associer à ses triomphes ou s'attrister de ses deuils.

Aucune de ces qualités ne manquait à Ballot. Aussi son passage à la Rédaction du *Droit* a-t-il laissé une trace qui n'est point encore effacée. On se souvient particulièrement des notices qu'il consacrait à ceux de ses confrères que la mort venait de frapper, les Marie, les Bethmont, les Liouville, les Jules Favre.

Mais ce n'est pas dans l'éloge de ces grands noms que, suivant moi, il était le plus remarquable. Parler comme il convient des hommes illustres est chose relativement aisée. C'est dans la biographie des humbles, des obscurs, que se fait voir davantage l'art de l'écrivain. Il y faut ce qu'avait Ballot, une profonde tendresse de cœur pour ceux que la fortune aveugle a dédaignés, un sentiment vrai de commisération pour

(1) Le *Droit* du 31 décembre 1885.

les talents méconnus, les efforts avortés, les espérances brisées. Il avait en écrivant ces lignes rapides la note attendrie, mais juste. Il mettait chacun en sa place, consolant par un mot les amertumes de la vie et corrigeant les erreurs du destin.

C'est à ce moment peut-être que se place le point culminant de l'existence de Ballot. Adonné à une profession qu'il aimait, qui lui assurait avec l'indépendance la considération de tous, goûtant avec passion les joies de la famille et les douceurs de l'amitié, Ballot ne désirait rien au delà, lorsque les honneurs vinrent le trouver à son insu. Lors de la réorganisation du Conseil d'Etat, en 1879, une Présidence de section lui fut offerte. J'ai dit plus haut sa résistance. Il fallut les prières de sa famille et les instances d'une illustre amitié pour le décider à accepter.

Il fut au Conseil d'Etat ce qu'il avait été partout, l'homme du labeur et du dévouement. Président de la Section de Législation, il fut appelé à diriger les travaux préparatoires de lois importantes, telles que les lois sur le règlement de la puissance paternelle, sur la faillite, sur la jouissance légale, etc.

Après la mort de M. Faustin Hélie, il remplit par intérim les fonctions de Vice-Président du Conseil d'État, et bientôt, en mars 1885, le vœu unanime des membres du Conseil le désignait au choix du Gouvernement pour occuper, à titre définitif, cette charge éminente.

Il n'en devait pas rester longtemps investi. Sa santé, usée par le travail, déclinait ; ses forces dimi-

nuaient chaque jour ; il n'était plus soutenu que par
l'énergie de sa volonté. A la fin de l'année 1885 les
médecins le décidèrent, non sans peine, à prendre du
repos et à chercher dans un climat plus doux un allé-
gement à son mal. Il partit pour Menton, mais il était
trop tard ; il mourut presque en arrivant, le 29 décembre 1885.

Il laissait à ses amis de profonds et durables regrets, à celle qui avait été sa compagne bien-aimée
un éternel et pieux souvenir, à son fils, dont il a voulu
faire un avocat, l'exemple d'une vie remplie par le
travail et ennoblie par la vertu.

ERNEST CARTIER,
Avocat à la Cour d'appel.

Paris. — Imprimerie de Ch. Noblet, 13, rue Cujas. — 12478.